실천이란 무엇입니까

김대호 시집

시인동네 시인선 199

김대호 시집

실천이란 무엇입니까

시인동네

시인의 말

영원한 하루가 탄생하기를 기도했다.

기도 외에

내가 이 세상에서 할 수 있는 일은 아무것도 없다.

2023년 3월

김대호

차례

제1부

제2부

제3부

제4부

제1부

곡선

당신이라는 간이역을
경유하지 않고 나의 세상으로 직항하는 노선은
애초에 없었다는 얘기
당신을 만져야 내가 만져지는 얘기
만나면 서로 혀를 나누는 키스를 이제 포옹으로 대신하는 사이가 되었다는 얘기
그리고 적당히 통속해진 당신이 보기 좋았다는 얘기
그것이 슬퍼질 때, 눈물 대신 주먹을 꽉 쥐게 되더라는 얘기
밥값을 서로 내려고 살짝 밀쳤다는 얘기
당신이 사라지기 전 거리에 내리는 첫눈
첫 세상
반짝이는 불빛들

고비의 배후

사막을 옮기는 바람을 보았다
자고 나면 사막의 등뼈가 휘어 있었다

사막 긴 등뼈의 굴곡이 움직인다
수족이 없는 사막이 어떻게 이동하는지 알 것 같았다
생명의 알집 하나만 오염되어도 전체가 고비인 내 몸과 다르게
고비사막은
바람 외 어떤 생명도 키우지 않는다
생명이 가장 위험한 고비라는 것을 깨우친 후일 것이다

생명은 위험하고 성가시고 손이 많이 가는 성질을 가졌다

사막의 유일한 성분은 모래뿐
고비사막은 그것조차도 성가셔서 바람을 부려
먼지의 먹이로 줘 버린다

나는 이곳에서

그렇게나 궁금했던 내 후생의 거처를 확인한다
고비사막이 자신의 영토에서 모든 생명을 제거한 후
생명 이전의 것들만 배치한 덕분이다

생명이 되기 이전의 것들
생명이 될 필요가 없었던 것들
생명에서 급히 빠져나온 흔적도 없었다
생명은 중심을 지키기 위해 일생을 허비하는데
내가 확인한 고비사막은 자신에게 중심을 두지 않았고
아주 작은 중심이 생기는 순간
바람이 와서 금세 지워버렸다

시간이 당신을

시간의 보복이 시작되었다
시간은
시간을 얻으러 간 당신에게 한 톨의 시간도 내주지 않는다

당신은 시간이 없기에 오늘도 시간을 굶어야 한다
혹은 조금이라도 시간이 있을 때 일을 처리하기 위해
몸의 속도보다 훨씬 빠른 속도로 업무를 보고 장을 보고 친구를 만나고 잠자리에 든다
침대에 시체같이 누웠는데도 속도가 줄지 않아서 이리저리 떠밀린다

시간은 잠을 자는 동안에도 보복을 멈추지 않는다
악몽을 시켜 당신의 잠을 흔든다
당신은 새벽에 우두커니 침대에 앉아 자신이 무엇을 잘못했는지 생각해본다
누구를 용서하지 않았고 누군가에게 자신을 용서받아 본 적도 없는 당신은
휴대폰 충전 불빛만 쳐다본다

매일 방전되는 몸으로
시간이 왜 보복을 시작했는지 이해하려고 노력한다

내일도 시간이 없어서
콧등까지 와서 시큰거리는 그리움을 그냥 보내야 한다
서럽고 그리워서
며칠을 누워 있기만 했던 그 영원의 시간을
그 쓸모없는 축복의 시간을
당신은 살아서 다시 만져 볼 수 없다

사람을 쓰는 일

나는
겨우 시는 조금 쓸 줄 알지만 사람을 쓰는 일에는 젬병이다
어젯밤에도 사람을 만나 쓰다가 비문이 생겼고 그 비문 때문에 싸웠다
문장은 오해와 헛소문으로 길게 이어졌다

사람을 쓰다가 꾸겨서 버리는 일
생각의 휴지통에서 꾸겨진 사람을 다시 펴서 살펴보는 일
저 꾸겨진 사람의 문장을 포기하면 나도 끝나는 것이다
끝나진 않지만 사는 일에서 단맛은 빠지는 꼴이겠지

다음날 전화해서 사람을 만난다
사람이 사람을 만나 밤새 고민해서 완성한 문장 하나씩을 슬몃 눈빛으로 교환한다
몇 분 동안 말 대신 눈이 일을 한다
감정을 써서 마음 한 권 얻는 이 지난한 문법은
천 년이 지나도 개정판이 나오지 않는다

창밖에서 바람은
사람만이 쓸 수 있는 미소를 속기로 기록해서
입구와 모서리에 바른다

적당한 비율

우리는 크지 않고 작지도 않습니다
우리는 적당해서
밥 먹다가 사레가 들 수 있으며 아주 간단한 이유로 죽을 수도 있습니다
노을을 볼 수 있고
몇 마디의 반성으로 친절한 태도가 되기도 합니다
세상에서 가장 강하고 얻기 힘든 것이 친절이라는 것을 배웁니다
우리는 적당해서 관에 눕기에 편하고 소각해도 한 됫박 정도이면 충분합니다
적당하면 그곳이 명당이고 정상이겠지요
그러나 이런 통속한 문장이 우리를 낙원으로 데려갈 수는 없습니다
더 작아지는 것도 소용없습니다
인생과 소멸의 비율은 변하지 않고
더 오래 산다고 해서 그만큼 죽음의 시간이 줄어들지도 않습니다
우리는

한 입의 밥을 받아들일 수 있는 입이 있고

그것을 다시 외부로 발설할 수 있는 적당한 똥구멍을 가졌습니다

먹은 것이 소화되기도 전에 사고로 급살당한 당신은 모르고 갔습니다

우리의 소화기관이 얼마나 적당하게 배치되어 있는지를

그 적당한 비율을

누진세

오래 살수록 삶의 누진세가 붙어서

가는 순간

눈부신 이 생의 발전소에 납부해야 하는

소비한 삶의 전력량에 대한 납부액은 많을 것이다

가야 하는데

숨이 잘 끊어지지 않는다면

완불을 못한 채 체납하고 가는 것에 대한

미안함 때문이리라

구조

밤 열 시가 넘었는데 수국 꽃이 환하다
얼마 전에 진 꽃이 다시 핀 것이다
시골에 차린 커피 집엔 종일 손님이 오지 않았다

나는 쓸모없이
집을 돌아 보일러실로 갔다
왜 여기 왔는지도 모른 채 한참을 서성이다
옹벽에 서 있는 긴 빗자루 쥐고는 건물 외곽에 붙은 거미줄을 없앤다

나는 안으로 들어가는 것이 싫어 여러 가지 잡일을 했으나
그것은 내용이 되지 못한다
내용이 되려면 구조가 있어야 한다

나는 구조 없이 일생을 보냈다
일생을 다 보낸 뒤에야
그 일생이 시작되는 풀섶에 서 있는
그렁그렁한 내가 보였다

신암 일기

신암에 들어와 커피 집 차린 지 십 년이 지났다
나의 상업은 기술도 없이 웃는 것
무엇을 이기려는 마음을 매일 거세하는 것
좋은 기분은 노력하면 만들어낼 수 있었다
그 노력이란
내 감정 절반을 덜어내는 일이었다
내일의 날씨를 매일 검색했고 종교도 없이 지냈다
한 치 앞도 보이지 않는 날들이지만 오히려
십 년 후의 내 모습은 잘 보였다
지금의 모습이 십 년 후의 모습이라고 믿었기에

내 헛헛한 웃음의 주기가 길어질수록 남은 생의 표정은 단순할 수밖에 없다는 것을
신암에 살면서 배웠다
내가 부풀어서
그늘이 없이
구석이 없이
터지기 직전의 그 무엇이 되었을 때

그 압력은

내가 매일 만들어냈던 헛헛한 웃음에서 온다는 것을 느꼈다

화려한 슬픔을 이해하는 순간이었다

슬픔을 계산한다

슬픔도 일이 되면 계산을 해야 한다

장례식장에서 추모객들을 접대하고 고인을 위해 상주 대신 울어주는 대리 상주가 있다
그 대리 상주에게
슬픔이란
하루 일당이고 슬픔이 초과되면 추가요금을 받는다
한 달에 몇 건의 슬픔이 배당될지 알 수 없기에
생활비를 충당하려면 많은 슬픔이 필요하다
지난달에는 슬픔이 솔찬히 들어왔고 그 슬픔들 덕분에 가족이 외식도 할 수 있었다

장례식장에서 슬픔은 형식이고
오랜만에 만난 추모객들이 서로 반갑게 주고받는 안부들이 내용이다
죽음은 두려운 것이면서 없는 것이므로
혹은 없는 것으로 외면하고 살아야 두려움이 줄어들기에
대리 상주와 맞절을 하면서도 웃을 수 있다

본사에서 나온 직원이 들어오자
대리 상주는 영정 앞에서 잠시 슬픈 표정을 만들었지만
이때 슬픈 표정은
상거래에 필요한 포즈일 뿐이다
슬픔에 대한 일당이 나올 때까지 지루한 하루를 보낸다

피곤은 이제 피곤하다

내가 나를 표절하는 봄날
막 돋아나는 연화지의 벚나무 여린 싹은 작년에 피었던
초록을 표절하는 중

암만해도 이번 생은 누군가의 생을 표절한 듯한데
나와 너무나 흡사한 인생을 살다 간 사람의 후렴 같기도 해
몇 분 전에 돋아난 새잎이나 수백 년을 버틴 은행나무의 옹이가 암만해도 어딘가에서 만날 듯해서
막 시작하는 연초록과
오래전 죽었지만 새 잎을 보여주는 고사목 사이에서
오래 서성인다

생활이란 눈에 보이지 않는 것은 없는 것으로 치고 사는 일
그 없는 것이 눈에 보이기 시작하면 생활을 접어야 한다

이 봄날 같은 여린 살갗들을 어찌 접으려나
나를 스쳐간 살갗들
손에 남은 감촉들

지금도 내가 표절하고 있는 숨결들

농협 앞 바닥에서 나물 파는 노파의 손을 잡아주고
성내동 언덕에서 새어 나오는 잔기침도 받아주고 싶었는데
뜬구름 잡는 책이나 읽다가 또 저녁이 왔네
내가 가장 많이 표절한 저녁이여
내게만 보이는 저녁의 얼룩이여
그 덧댄 자리로 나른한 피곤이 스민다

내가 나보다 큰 것을 표절하고 있을 때
피곤은 촘촘해진다

수필을 위하여

트라피스트 수녀원에서 만든 잼을 다 먹었다
빈병이 예뻐서 버리지 않았다
무엇을 조금씩 떠내서 먹다가 마침내 빈 것이 된 순간을 조금 즐기고 싶기도 한 것 같다

오래전 나하고 사귀다가 수녀원에 들어간 여자가 있었다
나는 나 때문이라고 생각했다
나는 잼을 다 먹어갈 무렵 트라피스트 수녀원에 전화할 생각도 했다
그때 내가 쓴 수필들이 당신의 결심에 반영되었는가
내 머릿속에 있는 대부분의 수필들은 내 청춘이 살청되기 전에 쓴 문장들
생각의 세포들이 날벌레같이 윙윙윙 날아다닌다

나는 이제 수필을 쓰지 않는다
수필을 쓸 때마다 빨리 늙는다는 것을 알기 때문이다
대신
잼이 들었던 예쁜 빈병을 깨끗하게 씻어 물기를 닦아내고

밝은 곳에 비춰본다
한쪽 눈을 감았더니 내부가 더 잘 보였다
이런 날은 어디에도 소속되고 싶지 않다

자연산 밥 냄새에 대한 기억

자연산 밥 냄새는 어디로 갔는가

솔밭에서 뛰어놀다가 저녁연기를 보고 대문간을 들어서면
자연산 밥 냄새가 퍼덕이며 콧등을 쳤다
밥을 목구멍으로 부어 넣는 동안에도 밥 냄새는 활어 상태를 유지했다
척박한 밀바닥에서 아무렇게나 길러낸 밥 냄새였지만 밥을 먹는
그 순간만큼은 무엇도 부럽지 않았다

자연산 밥 냄새가 사라진 후 나는 도시에 살면서
자연산 깡다구 대신 양식 눈치를 먹으며 기생했다
자연산 밥 냄새의 기법이란 밥을 약간 태우는 것
그러나 도시의 가정엔 모두 전기밥솥이 있었다
버튼만 누르면 밥이 정확하게 익었다
그 정확하게가 항상 불만이었다

어느 가정에서나 사용법대로만 밥솥을 작동하면 모두 비슷

한 밥 냄새가 난다

밥을 태울 수도 태울 필요도 없다

이 양식 밥 냄새는 가장 밑바닥에 있는 허기를 불러오지 못한다

아직 소화가 덜된 속으로 밥통에서 퍼 온 밥을 깨작대며 먹는다

꼭 먹어야 할 이유도 없이 그냥 먹는다

예상치 못한 일로 며칠 집을 비우면 전기밥솥에 남은 밥은

서서히 찰기를 잃으며 말라간다

끼니를 때우기 힘든 시절 못 먹어서 윤기 없이 배배 돌아가던 뒷골 사는 아이같이

이제 자연산 밥 냄새는 씨가 말랐다

그까짓 자연산 밥 냄새가 없어도 우리는 잘 산다

코보다 눈으로 냄새를 계산하며

양식 냄새를 자연산으로 속아 먹으면서

우리는 너무 잘 산다

고요

고장 난 질문을 수리하느라고 한 생을 보냈네
꽃대는 질 때 왜 물음표 모양으로 꺾이는 걸까
누군가에게 무릎 꿇었을 때
뒤통수에서 일어나던 불길은 무엇을 태운 걸까
질문으로 시작해서 질문으로 끝나는 하루들이 있었네
대부분의 질문들은 불구였네
불구라서 더듬거리고 구부러졌네
울분도 없이
비명도 없이
답이 있는 쪽으로만 기어갔네

세월이 흐른 후
답이 질문보다 먼저 있었다는 것을 알고 난 후
질문은
자신이 고장 난 질문이 아니라는 것을 알았네
자신에게 없는 부위는 불구가 아니라 원래 그 자리엔 아무것도 없어야 한다는 것을 알았네
아무것도 없어서

치욕을 지나올 수 있었고 고통을 텅 비게 할 수 있었네
텅 비어서
모든 것이 출입할 수 있었네

날이 풀렸다

당신과 헤어지면
금방 슬퍼질 걸 알면서도 당신의 귓불에 키스하는 순간이 즐겁습니다
결국 죽는 걸 알면서도 계속 살고 있습니다
결혼이 무덤인 줄 알면서도 결혼합니다
슬픔은 염세주의의 결과물이 아닌데 스치기만 해도 슬퍼지는군요
우리가 아는 그 여름은 지난여름에 사망했지만 또다시 여름은 탄생하겠지요
날이 풀렸습니다

날이 풀렸다는 것은 무슨 말입니까
추워서 하지 못하던 아침 산책을 했습니다
작은 해변을 걸었지요
바다가 파도를 깎아 판매하는 방파제 앞에서
나는 항복했습니다
미안, 나는 행복했습니다

권위를 버리고 복수심을 버리고 성별까지 버릴 각오를 했는데도
난 왜 철이 들지 않는 걸까요
가벼운 아침운동을 하는 와중에 나는 왜 이런 개뼈다귀 반성을 하는 걸까요
반성이 가장 비겁한 행위라는 것을 알면서 왜?
파도와 내 반성은 아무 연관도 없는데 왜

가볍게 뛰어봅니다
금방 숨이 차네요
내 집은 이 방파제에서 걸어서 한 시간
뛰면 이십 분 거리에 있습니다
미안, 뛰어서 집에 간 적이 없습니다

저녁에게

내가 매일 저녁을 기다리는 것은
저녁이 가진 그 어둑에는 낭만적 비극이 있기 때문
그 어둑이 내 말을 대독해 주기 때문
저녁에 기대고 있으면 내 몸의 모든 직선들이 곡선으로 휘어진다
하루를 거의 말없이 지내는 생활이지만 저녁때 내 안쪽을 청소하면
말의 쓰레기들이 우글우글 쓸려 나온다
저녁 중에서 가장 맛있는 부위는 대략 15분인데 이 시간이 지나면
저녁은 어둠에게 입양된다
그 15분에게 나는
하루의 피로와 하루의 매출과 하루의 비극을 전달한다
저녁이여
저녁이 지나도 식지 않는 욕망의 발기를 용서하시라
매일 반복하는 수행도 용서하시라
저녁을 소멸로 이해하는 오래된 비참도 용서하시라

제2부

나는 슬픔을 독학했다

슬픔은 수학이었다
수시로 슬픔의 문제를 풀었다
슬픔의 공식이 있었으니 슬픔을 풀 때는 공식에 대입했다
내 슬픔과 당신의 슬픔을 잇는 가장 가까운 선을 구하는 문제는
아직도 푸는 중
당신의 인생을 더하고 내 인생을 빼고 당신과 나의 감정을 미분적분하는 사이
날이 저물었다
오래된 내 병은 어떤 공식을 대입해도 풀리지 않았다
지독하다는 말만 되뇌었다
넬슨 만델라는 모든 사람에겐 선이 있다고 믿었다
나 역시 성선설을 믿고 있지만 몸은 항상 뻣뻣하다
착하게 살려는 노력을 포기하면 슬픔의 방정식은 풀린다
내 불행이 슬픔의 근육을 단련한다
허술한 희망보다 단단한 슬픔은 얼마나 건강해 보이는가
슬픔의 답안지는 아직도 답을 찾지 못했다
치우지 못한 살림살이같이 숫자와 공식과 괄호만 남아 있다

바람의 주소

바람을 구부리는 것은 곡선의 힘
당신의 계절에는 바람의 주소가 등재돼 있다
꽃피고 덥고 쌀쌀하고 눈이 퍼붓는 계절들은 울음을 가두는 수위가 모두 다르다
그러나 수위는 항상 위험해서 수시로 수문을 열어야 한다
꽃이 만발한 봄날이 가장 견디기 힘들어서
그 무렵에는 자주 나라를 비웠다

직선이던 길은 오래 걷다 보니 어느새 곡선이 돼 있었다
길을 걸을 때마다 당신의 어깨는 조금씩 기운다
지나온 길 역시 곡선으로 기울어 노안이 온 눈에는 아무것도 없는 것으로 보일 것이다
그 희미한 조도가 당신의 현대이다
시간이 당신을 이 세상에서 지울 때 어떤 잔상이 남을까
유효한 잔상은 며칠일까
바람이 곡선으로 분다고 느끼는 것은 당신의 생이 구부러졌기 때문일 테지만
그 태도가 그리 나빠 보이진 않는다

불행이 발달한 동네에서

당신의 이웃은 오해에서 이해로 이주하지 않을 것이다

불행은 끝내 완결되지 않겠지만 그 불행으로 한 시절 잘 살았다

불행에는

바람이 불어도 휘발되지 않는 주소가 있다

어디를 살아도

당신에게 가는 내 보폭이 핵심 문장이라면
눈먼 그리움은 주석이다
어디를 살아도 부록이었던 인생
너무 많은 희망이 눈을 멀게 했다

불행에 기대는 건 불행의 속살이 가진 미묘한 맛 때문
씹을수록 아리지만 끝 맛에 감도는 감칠맛을 잊을 수 없다

때로는 본문보다
깨알같이 작게 써놓은 주석만 읽다가 하루의 출입구를 닫기도 한다
그 하루는 비린내가 가시질 않았다
어디쯤에서 멈춰야 할 것을 알면서도 지독한 그리움, 독한 회한이 남아 호흡의 질서를 훼방한다

바람이었나
어제 나를 흔들고 지나간 것은 진정 바람이었나
아직도 당신이 남아서

시간의 결 따라 흘러가지 못한다
간이역에서 헤어져 내 앞이나 뒤의 배경이 된 당신이지만
그러나 당신은 내 본문이다
어디를 살아도 선명하다

다음 장면을 주세요

내가 당신의 최전선이 될 수 없을 때
나는 떠날 거예요
죽음도 아니고 생도 아닌 곳으로
내 어떤 태도와 내 어떤 목소리도 모두 희극이 되는 곳으로
나는 이미 몇 군데 후보지를 물색해 두었어요
단 한 번도 희극이 되지 않았던 당신의 가정사를 가방에 챙깁니다
급하면 튀어나오던 당신의 사투리도 넣어 갑니다
내가 남겨둔 비극은 그대로 읽지 마세요
그것은 당신을 해치는 물건은 아니지만 당신 피부에 좋지 않습니다
죽음이 아니고 생도 아닌 곳에서 피어나는 꽃
당신이 나의 최전선이었을 때
그 경계선에 아슬하게 피어 있던,
마지막 희극의 꽃잎은 내가 따게 되었군요
다음의 꽃잎은 없습니다
다음 장면은 없습니다

나를 만지다

이제 일생을 걸고 해야 할 일은 없다
퇴화하고 겨우 흔적만 남은 꼬리뼈같이 이제 내 일생을 만지면 내 뒷면에 흔적으로만 있는 꼬리만 하다
이 따위로 뭘 하겠는가
밥이나 잘 먹고 계단을 조심하면서 갔던 곳을 또 가서
혹시 흘리고 왔을지도 모를 내 체온을 다시 몸에 담아오는 일이 남았다
나를 사육하고 또한 방목시키는 사랑이여
너를 믿고 여기까지 왔고 혁명을 꿈꿀 때나 붉은 구호를 외칠 때도
사랑이 내 곁에 없었다면 내 혁명과 구호는 불량이었을 뿐이었다
내가 나를 믿지 못할 때도 사랑이여
내가 너를 못 알아보는 순간에도 사랑이여

모르는 것들과 놀고 싶은데 왜 아는 것들만 기어 나올까
나는 모른다
그러나 나는 모른다고 말하는 순간 모르는 것은 순간적으

로 아는 것이 된다 사실이 되고 사물이 된다

말하는 순간 미덕은 순간 불결한 것이 되고 과거는 순간 미래가 된다

언어의 폭력으로 사람이 죽어 나가고

입만 열었을 뿐인데 공장 건물이 무너졌다

난 이 난폭한 언어를 신앙으로 가진 자이다

어떤 거대한 폭력으로 내 인생의 전환기가 있었다고 생각했는데

내가 변할 때마다 나를 전환기로 이끌고 간 것은

사소한 말 한 마디였다는 것을 알았다

사랑을 알았을 때

사랑이 고통이 되었을 때

그 모든 것은 말 한 마디로 시작되었다

내가 모르는 것이고

내가 모르는 장소에 있었다면

사랑은 아직도 시작되지 않았을 것이고 나도 시작되지 않았을 일이다

아직 시작되지 않은 어린 내가 언어를 입에 물고 빨고 있다

아 그리운 옹알이여

기억은 해석일 뿐이다

시간은 휜다
바람은 사물을 만날 때만 바람 소리를 냈고 그 소리는 모두 휘었다
지나간 시간은 전생이라서 우연으로만 출입할 수 있다
아주 선명한 기억은 가장 분명한 거짓일 것이다
지나간 과거는 곧 미래이다
휘어진 과거 감정을 곧게 펴지 못하면 미래로 갈 수 없다
거리로 따져도 미래보다 과거가 훨씬 멀다
답답하면 차를 몰고 몇 시간을 달려 바다가 보이는 해안까지 가곤 하지만
지척에 있는 고향 마을에는 가지 않는다
어떤 부채감이 고향 길을 검문한다
죽을 것 같았던 일들을 이제 손도 떨지 않고 얘기할 수 있는 걸 보면
기억은 해석일 뿐이다
휘어지는 일도 해석일 뿐이다

헤어진 다음날

당신과 헤어진 것은 당신의 모든 것이 보였기 때문이다

당신이 보이면서 당신은 점점 희미해져서 내 엄마와 비슷한 얼굴로 보였다
당신의 모든 것이 보이고 당신의 모든 것을 안다는 이유로 헤어졌는데

헤어진 후
다음날 무렵부터 난 당신에 대해
아무것도 모르는 사람이 되었다
당신의 모든 것이 보였던 것은 내가 지쳤기 때문이고 당신에 대해
아무것도 모르겠기에 당신의 모든 것을 안다고 믿었다

서로 지쳐서
서로 다 보이고
서로 다 안다고 믿었을 것이다

피로감은 당신에 대한 죄책감으로 시작되었고
그 죄책감은 나의 이기심이었다
나는 당신에게 그것을 실토하지 않았다
나 자신조차도 내게 속았으므로

세월이 흐르고
눈가의 옅은 주름이 머리카락인 줄 알고 자꾸 떼어내려 했던 아침이 있다
처음에는 웃었지만 세수를 하는 중에 오열하고 말았다
수건으로 얼굴을 닦고 그래도 웃으면서 마무리를 했다
나는 이제 그럴 나이가 된 것이다
나는 혼자 남아
오로지 나만 보이고 나만 아는 인간이 되었다
매일 육체에는 온갖 영광과 음탕과 높고 어두운 것과 가능과 불가능이 다녀가는데
그중 무엇도 실천될 것은 없다는 것을 안다
그중 무엇도 현실이 아니다

당신과 헤어진 후
당신이 보이고 당신을 알았기에 이제서야
안 보이는 당신을 보고 모르는 당신을 알아간다
지금 내 육체 어느 구석으로도 명랑은 들어갈 수 없다
너무 많은 당신이 보인다

이월된 쓸쓸

날은 어두워지는데
도라지 꽃밭을 지나왔다
하양과 보라가 섞여 있었다
그중에서 보라가 더 선명했다

보라는 꽃을 찾는 곤충뿐 아니라 모든 짐승들이 가장 잘 식별하는 색
교회 누나의 손톱도 보라였다
그 날카로운 보라 때문에 내 사춘기는 지독한 풍토병에 시달렸다
그 병은
노안이 와서 색을 구체적으로 보지 않는 세월까지 따라왔다

어두워지는 사물의 마지막 모습들을 챙기느라 움푹 빠지는 두 눈의 쓸쓸은
이월된다
다음날로 이월되고 쥐꼬리만큼 남은 미래로 이월된다

내 인생은 이월된 재고상품이 되었다

가벼운 수술만 받아도 중요한 것의 순위가 바뀌어 있고 세상의 끝에 와 있는 기분
그 와중에 농담이 마지막 자존심이라 생각하고
사람을 만나면 농으로 때우고 헤어지곤 하는데
그게 뭔가 싶다
빌린 적도 없는데 매일 갚아야 하는 감정들

나의 도덕은 울분에서 수분을 뺀 것이다
여기까지 오는 동안
수만 개의 저녁이 이월되었다
밝은 빛에 저녁을 말리는 과정을 거치지 않았으므로
모든 저녁이 꿉꿉하다

기회가 있었다

어느 날 흰머리를 처음 발견하고 놀라던 그때가
내겐 기회였다
무엇을 내려놓을 수 있었고
무언가를 와장창 깨부술 수도 있었다

검은 것과 흰 것의 값을 분명하게 정할 수 있는 기회였다
변성기가 오고 가출했을 때
당신과 헤어지고 손목을 그었을 때
그때도 내겐 기회가 있었다
실직 후 멀쩡해 보이지만
굶어죽는 것만큼 비참한 것이 속에서 매일 죽어 나가고 있다고 외칠 때
충분한 기회가 있었다

모든 기회를 놓치고 나는 여전히 일반인이다
김군이었다가 김씨였다가 등록번호 1071991번이기도 하다
흰머리를 처음 발견했을 때의 기회는 변성기가 왔을 때보다

더 먼 과거가 되었다

미래를 가불해서 다 써버렸으니 추억하는 일만 남았다
매일 기억의 파도가 물때에 맞춰 왔다 간다
저녁의 눈이 보이기 시작하면
그때는 어김없는 밀물 때이다

비극은 개선된다

마크 로스코는
자신의 그림을 감상하는 관객에게 18인치 거리를 요구했다
전체와 세부를 가장 잘 볼 수 있는 거리 18인치
마스크를 낀 채 당신과 나는 식탁에 앉아 있다
지금 당신과 나의 거리 18인치
그러나 당신의 전체는 안 보이고 어떤 세부사항도 볼 수 없으니
강 하나를 두고 서로 다른 국경을 가진 당신과 나
나는 강을 건넌다
당신의 도시에 도착한 나는 가짜의 신분
바이러스가 창궐한 이곳의 거리는 깨끗하게 소독돼 있다
자연과 도덕과 친절이 준비돼 있지만 모두 기준치 이하
당신과 나는 18인치 거리에서 쳐다보고만 있다
그 앞에 식탁이 있었는지
그 앞에 기침이 있었는지
이 상황이 더 나빠지게 그냥 두고 보진 않을 거야
우리는 태어나는 순간 이미 비극에 감염되었다
비극에 무슨 대표적인 비극이 있겠는가

바이러스는 숙주 없이 기생할 수 없다
비극의 숙주가 불안이었으니
당신과 내가 강을 사이에 둔 채 산 것
내가 아직 가짜에 가까운 신분인 것
당신이 여전히 먼 곳을 바라보는 것
이 모든 보건 상황이 개선되고
물질 너머에서 바람이 불면 숙주가 도착할 일이다

세월

나무의 자궁인 꽃은
푸른 잎을 출산하고 곧 폐경이 되었다
성별이 없는 잎은 바람의 암내를 맡아도 유혹되지 않는다
잎이 가진 푸른 육체는 날씨의 체온에만 반응한다
낮과 밤의 일교차를 지하의 뿌리가 감지하고 익숙해 할 때까지
잎은 자궁이 닫힌 자리에서 활동한다
잎의 활동이란 그저 지극한 것일 뿐
그 지극한 것이 나무의 근육이 되고 주위의 소문이 되었다
그렇다 하더라도 잎의 집성촌인 나무의 테두리가 무성함의 질서를 가지는 것은 아니다
아주 사소하고 작은 병원체가 나무의 슬하에 옹이를 새겼다
이 사소하고 작은,
이 사소하고 작고 무서운,
이 사소하고 작고 무섭고 화려한

잎이 지고 나무의 궁핍이 깊어졌을 때
당신이 가진 생활의 좌표도 바뀌었다

거실 오래된 나무 의자는 곰삭았다
여보, 저 의자를 어찌 할까요
화장터에 가서 십여만 원 지불하면 태워 준다고 합니다
조금만 더 두고 볼까요
사람이 무서웠던 시절, 산사에 묵으며 밤마다 짐승 울음을 동냥했다
아름답지만 즐거우면서 음란하고 슬픔이 과도한 연주였다
이번 생은 이와 함께할 운명이었다

귀가 먼 사촌이 갖다 심은 백일홍 나무는 창문 밖에서 잘 자라고 있다
사소하지만 화려한 먼지가 도처에 풀풀 날린다
그 푹푹한 고전을 읽으며 추풍령행 버스가 지나간다

검은 물

그때 밤비가 내렸다
나는 너를 여러 해 만났지만
내 생활에 너를 인용하지 않았다
세계는 옷장에 있고
청소를 하는 순간에도 반짝거렸다
지루함을 견디기 위해 아무거나 할 때
그때도 밤비가 내렸다
검은 물은 어디론가 흘러갔지만
나는 비유를 적절하게 배치하는 것에만 관심이 있었던 거
같다

모든 것이 떠난 후에야
내 몸에 문신으로 새겨진 인용구들을 보았다
나 또한 누군가에게 인용되고 있었으리라
나는 사물을 집적대기만 했을 뿐 관통하지 못했다
관통했다고 믿는 순간에도
무엇은 남아 있었다
그것이 무엇인지 만져보고 싶었지만

지난 일은 기억으로 와전되고
미래는 괜한 상상으로 부풀어 있을 뿐이었다

사물은 모두 독을 품고 있어서 내가 만질 때마다
자신의 전부를 탈색해서
내 앞에 검은 물을 쏟아냈다

입장

당신이 현관문을 열고 들어왔다
나는 당신이 들어온 문을 밀고 나가 밖을 살핀다
마치 당신이 하나 더 있다는 듯

당신과 사랑을 나누고 누워 당신의 옆얼굴과 얘기를 나누고 있으면
당신의 절반하고만 얘기하고 있는 것 같아
몸을 일으켜 당신 건너편을 확인하는 일
당신을 다 안다고 생각한 다음부터 생겨난 습성이었다
내 손가락은 왜 가늘기만 할 뿐 아름답지 않을까요
나는 그 가늘고 힘없는 손가락을 내 손가락으로 한번 쓸어주었다

나는 가난하지만 아름답지 않았다

해야 할 일이 있는데 그냥 방전된 채 서 있다
나는 밖에 나가 아무도 없다는 것을 확인했다
내가 생각을 멈추자

펜스를 타고 뻗어가던 줄장미는 꺼져 버렸다
다시 거실에 들어왔을 때 아무런 냄새도 나지 않았다
당신의 흔적을 모으려고 거실과 방을 청소했다
빛은 어두운 것과 섞이지 않으려고 긴 띠 모양이 되었다

내 안에는
내 말도 듣지 않는 짐승 한 마리 산다

당신의 마음

당신에게서 조금의 마음을 얻어 왔습니다

오늘 내가 얻어 온 이 마음은
처음이 아니라
두 번째 마음도 아니라
매일 얻어 온 마음이라는 것을 알았습니다
그래서 당신의 이 마음들이 설풋 내 것인 듯도 합니다
아니, 내 마음이라고 착각한 채 평생을 살았습니다
당신의 마음이 내 평수에 꼭 맞아서 덜컹대지 않았습니다
내 피부에도 붙어 있는 그 마음이 자연스러워서
몸을 씻으며 피부를 닦아도 따갑지 않았습니다

이제 내 몸에서 당신의 마음을 걷어내는 일은 불가능합니다
이미 뼈로 옮겨붙은 당신의 마음을 발골하는 일은 없을 겁니다
내가 다시 나를 주장하더라도

그것은

당신과

당신의 마음과

당신의 마음에 담긴 나의 생로병사를 얻어 오기 위한

속임수라고 생각해주세요

나는 통증으로 출입한다

당신을 사랑하면
왜 살기의 절정과 절정의 살기가 동시에 돋아나는 걸까
혓바닥이 돋아서 식사하다 말고 쪽창을 쳐다보았다
저 조그만 창으로 출입할 수 있는 것은 햇살과 어둠뿐
내가 당신의 통증에 출입했을 때 그때가 사랑의 절정이었다
그걸 나도 알고 당신도 알았기에 우리는 힘들었지만
통증을 멈추지 않았다
당신에게 통증이 없었다면 나는
당신조차도 모르는 당신의 그 깊은 울음을 이해할 수 없었을 것이다
당신의 통증이 왜 당신을 사랑하는 조건이 되는지
나는 지금도 모른다
그러나 통증을 출입할 때만 내가 살아 있다고 느끼는 것은
통증을 낳기 전부터 이미 내가 통증의 산모였기 때문이다

제3부

뫼비우스의 띠

연쇄살인범이 검거되었다

그는 터지는 플러시 불빛을 보며 말했다

"고맙습니다. 저를 멈춰 주셔서……."

실천이란 무엇입니까

올봄에 핀 명자꽃은 작년에 피었던 명자꽃의
유언을 실천합니다

내년에 올 명자꽃은 올봄에 피었던 명자꽃의 유언을 이어받아
명자꽃 무리의 집성촌에서 또 실천될 겁니다

실천이란 무엇입니까

점심엔 국수를 삶아 먹었습니다
혼자 끼니를 때우는 일이 심심해서
창밖 푸른 잎을 주렁주렁 매달고 있는 벚나무를 보았습니다
저 벚나무는 십 년 넘게 푸른 잎을 실천 중입니다
나는 먹고 남은 국수 국물을 들고 나가 벚나무 근처에 흩뿌렸습니다
그곳에서 국수 국물도 실천됩니다

나는 누군가를 미워하는데, 칼자루 없는 칼을 쥐고 그를 미

워합니다

하루를 실천하기 위해 누우면 어디선가 피비린내가 납니다
실천이란 무엇이고 실천은 어떤 냄새를 가졌을까요
실천에게 배후가 있을까요

나는 방금 태어난 햇살을 실천하기 위해 두 손을 내밀었습니다

낮엔 거의 현실

우리는 열심히 살아서 최후를 완성한다
최후는 딱딱하지만 곧 녹는다
속에 있는 열정이 다 타고 후회만 남았을 때
흐르는 눈물은 그 열정의 재가 아닌가
최후가 완성되기 전
몸 어딘가가 잠시 마비되거나 이상한 꿈을 꾸게 되면서
우리는 어렴풋 최후의 징후를 발견한다

원래 최후는 생에서 발견되면 안 되는 것
최후의 질감이라고 여겨지는 기미를 느껴서도 안 되는 것
그러나 태어나 우는 그 순간에 이미 최후의 공포는 시작되었으니
망자의 옷과 물품을 다 태우는 것은 망자가 혹시 생에서 끌어당길 수 있는 불길한 징조를
애써 차단하려는 노력이 아니겠는가

현실적 환상이 오늘도 찾아왔다
환상적 현실을 살고 있는 내게 그것은 매일 와서 주문한다

고문한다,
분노는 평범해졌다

내 육체를 한 번도 찢어보지 못한 그 분노는 양성에서 음성으로 성질이 변했다
몸에 담고 살아도 나를 흥분시키지 않는다
이 편안한 패배주의가 나를 망치고 있다는 것을 안다

무엇이든 반복되면 등급이 내려앉는다
어쩌다 잠을 깨우는 악몽 외에 나를 만날 수 있는 기회는 없다
숙취가 나를 휘게 했으나 그 역시 자의적 계산법일 뿐
때로는 흰 눈같이 너무 가볍고 순결한 최후를 기획할 때가 있다
미세한 온기에도 자신을 바로 녹일 수 있는 최후
낮엔 현실
밤이 되면 거의 환상을 사는 하루가 간다

멸망한 후

죽음은 유료이다
죽음의 나라에 망명하려면 내가 쓰던 영혼을 넘겨야 한다
중고 영혼의 신원과 감정의 값이 확인되면
입국 심사는 숨넘어가는 순간에 완료된다
당신이 달아난 곳이 당신의 영혼보다 멀 때
너무 다른 나라여서 당신이 가진 화폐를 사용할 수 없을 때
당신이 가진 화폐와 울분과 하소연들이 휴지 쪼가리가 되었을 때
당신의 비명이 아무짝에도 쓸모없는 소음이 되었다면
왕복인 줄 알았는데 편도행이었다면
당신은
그곳에서
하루가 온통 기억뿐인 날을 살게 될 것이다
눈만 뜨면 허기져서 기억의 밥을 짓고 기억의 반찬을 먹어야 할 것이다
온통 추억뿐인 현재를 살아야 한다
그것이 형벌이라는 것을 당신이 알았을 때
이미 모든 것이 멸망한 후이다

당신은 당신 혼자 남아서

추억의 현재와 추억의 미래를 살아야 한다

핑크 핑크 Pink Fink

나는 더듬거리는 방식으로
거대한 세상의 귀에 대고 나를 밀고했다
그 귀의 내부는 텅 비어 있어서
내 후생의 담론까지 받아주었다
그러나 아무도 나를 잡아가지 않았다

핑크를 밀고한 것은 당신이었다
당신을 밀고한 것은 나였다
나를 밀고한 것은 세상의 어둠이었고 그 어둠이 지금 내 가슴께에 밀물 들었다
당신과 내가 섞일 때까지
욕망과 고요의 경계가 지워질 때까지
나는 내 안의 당신에게
핑크를 밀고할 수 있도록 도울 것이다

저녁이 내 인생을 이미 낱개로 다 흩어놓았으므로
하나로 된 인생을 완성하려고 할 필요가 없었다
정답을 알고 있으면서 이 지루한 수학 문제를

밤낮으로 푸는 어리석음이 있다
다행히 이 어리석음이 있었기에 죽기 전까지 살았다
당신과 헤어진 순간 이미 죽음을 지나쳤다는 것도 모른 채

내 삶의 형식은
당신이 지나간 시간의 조도를 베낀 것이다
내용을 지운 건 남아 있는 날들이 너무 소란했기 때문이다
고요가 모든 언어의 종착역이듯
핑크는 모든 색의 도착지이다

나는 욕망 없이 단 1초도 버틸 수 없다

감정증후군

그는 자신의 감정에 충실했다
자유와 도덕, 기억, 질서, 혼돈, 파란색, 그늘 따위들을 받아들여
감정을 완성해 나갔다
그러나 그 감정의 완성이란 깊다거나 철저하다는 쪽의 완성이 아니었다
그의 감정은 평소와 다르지 않았고 여전히 그는
자신의 감정에 불만이 있었다
그런데도 그는 자신의 감정이 완성돼 간다는 것을 감지했다
그는 다른 사람의 감정에 들어 있는 자신의 감정까지 완성해 나갔다
그는 여전히 세상과 불화를 겪는 중이지만
그럼에도 불구하고 그는
세상의 감정에 섞여 있는 자신의 감정이 완성되고 있다고 믿었다

그는 어느 밤 꿈을 꾸었다
귀신이 그의 몸에 들어왔다가 나갔다

그러나 그 후 어떤 신체적 변화도 없었다
감정도 이전과 같았다
다만 그는 무엇을 믿기 시작했다
짜증을 믿었고
불안을 믿었고
빨래를 믿었고 오전을 믿었다

그는 자신의 감정에 충실했고 다른 사람의 몸에 들어 있는
자신의 감정 블록들에게도 충실했다
완성은 물이 흐르듯 새어 나갔다
모서리에서도 궁리하지 않았다

집터였다가 지금은 묵정밭이 된 빈터에 쑥이 자라고 찔레나무도 감정 없이 꽃을 달고 있다 예전에는 나보다 감정이 없는 짐승이나 아예 감정 같은 건 없을 것 같은 식물의 생애를 눈여겨보기도 했다 생애는 감정의 생로병사를 돌보면서 지나간다 나 역시 몇 개의 감정을 가졌으나 지금은 거의 떨어져나가고 좋은 감정과 좋아지려는 감정 정도가 남았다 어느 날

깊은 병이 지나가고 나면 이마저도 감당을 못해서 하나의 감정만으로 남은 생애를 버틸 것이다 그때는 짐승보다 감정의 개수가 적을 것이고 감정 같은 건 없다고 봤던 식물의 감정들, 그것들이 하나씩 보일 것이다

괴물이 되어 간다

나비가 날아간 자리

집을 고쳤다 허물어진 자리엔 상징과 비유를 덧대었다 집을 고치는 중에도 내 개인정보는 계속 유출되었다 사람이 사람을 그리워하다가 괴물이 될 수도 있겠다는 생각을 했다 멀리서 사람이 온다고 했다 그가 이씨인지 박씨인지 난 모른다 지루한 속도와 편두통이 있었다 호출하지 않아도 나를 닮은 눈과 귀와 코가 자꾸 어른거린다 오래 문장을 떠났던 사람이 보내준 글귀는 어딘가 어색했다 나를 봐, 난 괴물이 되었어 그런 글귀였다

까마귀가 날아간 방향을 보고
새점을 친다

어리둥절한 날씨, 난 그 바람에 정직한 얘기를 해버렸다 청소일 하는 엄마를 만나지 않은 게 화근이었다 비겁하고 구차한 웃음이 흘러나오는 동안 울지 않아도 되는 것, 햇볕과 근친이 되기 위해 밖으로 나가 한참을 서 있었다 남들도 다 아는 얘기를 괴물은 감추고 있다 이것이 멀리 가는 방식이라는 듯

조금씩 지워지는 세상

너는 다시 시작하는 재주를 가졌다
질서로부터
환생으로부터
환한 빛으로부터

이야기가 활보한다 어떤 이야기는 바닥을 쳤다 방금 너의 눈 속으로 들어간 이야기는 눈물이 되어 세상으로 나왔다 나는 이야기를 한 줄씩 풀어내고 너는 내 얼굴에 얼굴을 묻었다 사랑은 사사로운 것이 되었다 이야기는 사랑을 집도하기 위해 오늘도 거리를 수집한다

이곳은 속도와 그늘의 교차로다 속도가 그늘을 통과할 때 모든 것이 움찔한다 그늘이 더 냉정한 심정을 갖기 전에 죄는 속도를 줄여야 한다 그늘이 분명한 형상을 갖기 전에 우리는 다른 모습으로 태어나야 한다

소음은 나를 희미하게 지운다
소음은 그러나 노래의 발성이다
침묵은 소음의 극점

밤이 되자
나는 완벽한 소음이 되어
극점에 선다

욕망은 다년생이다 해마다 붉은 꽃이 핀다 이 생리에는 폐경이 없다 우리가 먹고 즐기는 동안 욕망은 마음이 된다 이 마음엔 출입구가 있어 거칠고 흉한 것들이 드나든다 바람의 하반신과 계약이 유보된 후회도 다녀간다 계절은 물들기 시작한다 팽팽했던 성장은 바람이 빠졌다 저기, 귀인이 걸어온다 갑자기 사람들이 사라지고 그 자리에 고요가 고인다 우리의 사상은 불온해져야 한다

이해하면 섬뜩한 인생

죄는 전봇대같이 발기해 있다
펄펄 끓어넘친다
건조한 심판이 있다
닭의 피를 바쳤다
그러고 나자 거짓말같이 죄가 사해졌다
친아버지가 의자에 앉아서
낯선 여자의 머리를 땋아주고 있다
내가 그 앞을 지나갔다
목청껏 불렀지만 대답하지 않았다

원하지도 않은 불안이 반복적으로 생각의 출입구를 드나든다 안전한데도, 무엇이든 두 번 세 번 확인하는 습성이 있다 그 확인도 모자라 하루 내내 같은 생각을 되풀이한다 불안을 이해해 버린 것일까

비는 내리고 베려버린 생을 말리는 자가 있다 생각이 간섭할 틈도 없이 먼저 두근거리던 가슴으로 첫사랑을 기다리던 오후는 지나갔다 사랑을 이해하고 나니 사랑의 공식만 보였다 베려버린 생이 아닐지도 모르는데 베려버린 생을 이해하

고 만 것

난 어제 풍경을 살해했다
밤이 지나고 미지근한 해가 뜨자
죽었던 풍경이 되살아났다
그런 풍경을 신봉하는 신도들이 생겨났다
난 짝다리를 짚고 휘파람을 불었다
바람만이 도덕적으로 걸었다

오늘도 확인한다 나무는 정말 식물인가 어제 그 숲길에 서 있었던 나무의 무수한 눈동자는 분명 동물이었지 않은가 인생을 이해한 나무는 현명하게 식물성으로 위장해 숲에 숨었다 그렇지 아니한가

비의 전성기

부드러운 내재율이
천둥과 번개를 몰고 오네요
그대 알고 있나요
그대의 생활이 위탁받은 생이란 걸

최소한 3할 정도는 몽롱해야 진실을 볼 수 있다 내가 아는 사람들은 너무 선명하게 살아간다 오늘은 비의 전성기다 누구도 이 문맥을 막을 수 없다 태어나면서 중고가 되어 살아가는 내게도 이런 알알한 한때가 있었던가 어디에 닿는 순간 바로 영혼을 보여주는 이런 전성기의 솔직함이 있었던가

계약기간이 얼마나 남았을까
그는 이 둥근 방을 자꾸 빠져나가려고 한다
만약 이 방이 생의 은유라면
옮겨갈 곳은 뭐라고 불러야 할까

표정이 어두운 사람의 한때를 훔쳐보았다 그에게도 전성기가 있었을까? 그도 한때는 어떤 것을 통과해 보기도 했을 것

이다 통과하는 것이 어떤 기분인지도 알 것이다 그는 요즘 땅만 보고 다닌다 무엇을 한번에 넘어서려다가 그는 폐인이 되었다 그는 내게 어떤 결에 대한 얘기를 들려주었다 그것이 그와 나눈 마지막 대화가 되었다 그날도 비가 왔다 결을 가진 비였다

쓸쓸한 오후

초현실이 기화한 바람
파란 똥을 싸서 매달고 있는 나무들
노안이 찾아온 안경
짖는 것에 중독된 개
발기한 불안들

문장에서 쓰레기 냄새가 난다 마음에 있는 쓰레기를 문장에 갖다버리는 것은 내 오랜 버릇이다 마음의 쓰레기는 매일 쌓인다 하여, 매일 문장의 구덩이를 파지 않으면 마음의 쓰레기는 차고 넘친다 사람들이 쓰레기로 가득 찬 문장을 읽고 간다 나는 코를 싸맨 채 댓글을 읽는다

감정의 고저와
리듬의 강약조절
연신 새 잎이 돋는 양심
밥벌이와 이빨의 간지러움

살이 닿지 못하는 것이 죽음이라면, 살과 피는 반납되고 영

혼만 받는 접수처가 죽음이라면 그 근처에 낙서를 남기고 싶다 내 몸이 기화하면 입도 없는 곳에서 말이 나오겠지 그것을 바람에게서 배운다 모든 도덕과 어떤 도덕적인 것까지 다 지우고 맨발로 살고 싶은 욕망이 있었다 엄살과 헛된 희망을 노래하는 서정을 버리고 깊고 날카로운 문장을 얻고 싶었다 사랑의 반대가 무관심이라지만 혁명이 시대와 싸우듯 구름은 음양과 맞선다

그대에게

나는 인생을 과장하여
부풀리거나 몇 개를 빼돌렸다
부풀어 오르는 방
산적한 뼈다귀들
엄살로 늘어나는 살림살이

오래된 책갈피에 빗나간 로또 한 장, 세상이 일획에 나뒹구는 꿈이었지 차마 꿈이라고 할 수 없어, 너무 투명해! 내 인생은 벌써 후일담이 되었어 내 얘기를 하면서 누구도 놀라거나 흥미로워하지 않아 돌아가도 그만, 안 돌아가도 그만인, 엄숙한 포즈가 필요한 자리에서나 잠깐 내비치는 향수 따위가 돼버린 거지

궁리하는 새
피를 본 혈연
광장에 서 있는 공황
인연과 만난 우연

꿈같은, 하지만 분명 내 의지로 선택할 수 있었던 어떤 길이 있었어 매혹/위반, 그것은 둘 다 놀랍고 흥미로운 길이었어 어느 길을 선택해서 여기까지 왔는지 기억나지 않아 다만 실수를 했다면 잊히지 않는 거야 둘 다 너무 생생한, 기억은 편집되었지만 난 여전히 믿고 있었던 거지

만나는 순간 투명해지는 첫사랑 그대의 세련된 충고를 듣지 않았던 거, 미안해 여기에서 어딘가로 가다가 문득 사라지는, 일생은 그런 게 아니라 눈 뜨면 보이고 눈 감아도 보이는, 억겁을 껌벅대는 눈꺼풀이 있다고 말한 그대의, 것도 미안해 미안해

아무것도 아닌 것이 되기 위해 아무거나 한다

불안에게 이 생을 넘기고 갈 수는 없다
귀의 문을 열면 소문과 함께 미래와 함께
있지도 않은 너와 함께
최선을 다해서 몰려오는 불안들
불안에게 이 생을 넘기면
넘치는 오빠들과 넘치는 질서들이 이 생을 모두 오빠로 만들고
지하가 없는 건물들을 건축할 것이다
어떻게 구한 생인데
이렇게 쉽게 불안할 수는 없는 것이다

태풍의 눈에는 바람이 살지 않듯이 슬픔의 중심에는 슬픔이 없다 고요하다 슬픔은 벗어나는 것이 아니라 치열하게 그 중심으로 파고들어 가 고요 고요 고요, 입이 찢어지고 피부가 다 헐어서 고요 고요

내 멋대로 할 수 있는 감정 하나 얻으려고 우리는 이토록 치욕을 견디고 있잖은가 모든 걸 내주고 훗날 그 고요 한 줌 얻어서 무엇에 쓰겠는가마는 내 몸을 이끄는 중력을 어찌 배

반하겠는가

나는 오래전에 습작 뭉치를 고향집 살구나무 아래 묻었다
태워버릴까 하다가 죽은 사람을 묻듯
땅에다 묻어주고 싶었다
저승길 노잣돈 하라고 만 원도 함께 묻었다
그러나 습작은 기억에서 사라질 뿐
몸에서 빠져나가지는 않는 듯
나는 그때의 몸으로 여전히 습작을 한다
그때의 슬픔과 그때의 헤어짐을 그대로 받아서 연작을 짓는다
다행이다
무엇을 버리는 것이 이렇게 가득할 수 있어서

절벽

당신이 떠나고

고개 숙이면

어깨부터 발끝까지가

절벽이다

제4부

오차 범위 안에 있는 오해들

사랑하는 마음은 미워하는 마음을 오역한 것이 아닐까
오역인 걸 알지만 대체가능한 단어가 생각날 때까지
그냥 두고 보는 것이다
마음을 오해했을 때
우리는 번쩍 정신을 차리고 주변을 둘러본다
흘린 마음이 없는지
상한 마음이 없는지

아주 사소한 오차로 우리는 헤어진다
평범한 오해 때문에 우리의 운명은 이국으로 망명한다
이제는 물질이 아니더라도 만질 수 있다
현실이 아니더라도 쉽게 구체적일 수 있다
어린 나는 어둠에 바짝 얼굴을 붙인 채 성장했고
늙은 나는 어둠을 듬성듬성 건너뛰고 있다

어린 내가 늙은 나를 오해했듯 늙은 나는 모른 척
어린 나를 오해한다

설사하는 말

그가 입을 열자
두 입술 사이로 말의 설사가 쏟아졌다
말의 과속을 잡아주던 목구멍 괄약근은 그가 세상일에 실패하고 낙오자가 된 순간부터
제 기능을 하지 못했다

착하고 순한 자신을 세상이 버렸다고 생각할 때
설사 증세는 더욱 악화되었다
그래서 그는 병을 고쳐 보겠다고 틈만 나면 산을 찾았다
숲은
나무랑 새소리랑 청량한 골짝 바람 등의 재료를 넣어 조제한 약을 그에게 먹였다
숲에서 나온 그는 얼마간 겸손이나 무위 같은 낱말을 외울 수 있었다
그러다 약발이 떨어지고 다시 가슴께 불이 일면 또 숲을 찾곤 했다

일 없이 수입 없이

몇 년 동안 그 행로만 반복하다 보니 이젠 숲이 지어주는 조제약에도 내성이 생겨 듣지 않았다

그때부터 그는 숲도 찾지 않고 입만 열면 말을 설사하고 다녔다

가족이 떠나고 혼자 사는 그의 집은 온통 말의 쓰레기가 넘쳐 발 디딜 틈도 없다

그가 만나는 지인들 역시 말의 악취를 견디지 못한 채 자리를 박차고 일어났다

그는 질문을 만들어내지 못한 채 답만 찾아 다녔다
답만 찾아다니다 보니 자신에게 혹은 세상에게 줄 질문을
준비하지 못했다
질문 안에 답이 숨어 있는 사실을 알지 못했다

소란과 고요

아무 말도 안 하고 있으니까 사람들은 고요를
아주 무르고 함부로 대해도 되는 줄 안다
어린 자식을 잃은 상주가 검은 양복을 입고 분향소 한켠 벽에
등을 기댄 채 주저앉아 있다
칸막이도 없는 접견실에는 문상객들이 앉아 밥을 먹고 술을 마신다
그리고 그들의 입에서 나오는 소란이
자욱한 담배연기같이 실내에 가득이다
칸막이도 없으므로 분향소까지 몰려온 소란은 그곳마저 꽉 채운다
그러나 아무 소리도 들리지 않는 듯 벽에 기댄 상주의 표정은 어떤 소리에도 긁힌 흔적이 없다
상주가 가진 완고한 고요 때문에 오히려 분향소를 찌르고 있던 소란의 날카로운 혀가
무엇에 마비된 듯 얼얼하다
그래서 소란으로 가득 찬 분향소는 음소거된 소란만 춤을 추고 있다

얘기를 끝내고 밖으로 나가면서 슬쩍 분향소를 훔쳐본 문상객들은 확인했을 것이다

분명 분향소에도 소란이 가득이지만 밀봉된 진공의 세계 같다는 것을

입을 다문 채 벽에 기댄 검은 상주의 고요 한 채

그것은 무른 것 아니며 함부로 대할 수도 없으며

아주 강력한 소란이 와도 무너지지 않을 고요이다

그 고요가 어떤 성분으로 만들어지는지는 말 안 해도

다 아실 것이다

나비 글씨체

나비가 왔다
얼마 전 벌목한 숲에서 온 듯하다
저 숲에는 무덤도 몇 들어 있다
햇살이 숲의 서랍을 열면
무덤과 꽃나무와 짐승의 인기척이 환하다
나비가 온 숲은 보이지 않는 육체를 숨기고 있다
나비는 그중 일부일 것이다
나비가 앉은 물받이와 그 부속들은
속세의 성격을 닮아 딱딱하고 내성적이다
나비는 방금 국경을 넘어
딱딱하고 내성적인 나라에 입국했다

나비가 지나간 삐뚤삐뚤한 흔적이 내 이력이다
처음 학교에 들어가 삐뚤삐뚤하게 쓴 글씨체이고
그 삐뚤삐뚤은 내 인생을 줄곧 따라다녔다
나비가 내 집에 염을 하듯
보일러실에서 현관으로 다시 카페 통유리창에서 뒤뜰로
한 바퀴를 삐뚤삐뚤 휘돌았다

고요 속에도 소란은 있다
꽃의 소란은 향기이다
붕붕거리는 꽃의 향기가 나비를 불렀을 터
내가 가진 소란은
의식을 뒤척일 때마다 일어나는 생각들 따위
비우는 것은 고요가 아니라
삐뚤삐뚤한 생각을 향기 쪽으로 모는 일
끝없이 향기를 찾아 떠나는 일
문장을 만드는 일의 고통은 문장 이전에 있다
문장이 만들어지면 그것은 즉시 꽃의 소란이 된다
나비가 향기를 지나 뒷산으로 간다

나비의 언어를 난 알아들을 수 없다
나비가 집의 평수를 다 휘돌고 간 다음 집엔 생기가 돌았다
벽지의 무늬는 알 수 없는 상형문자로 바뀌어 있었다
내가 시청하는 드라마는 이상한 나라의 언어로 대사를 주
고받았고

혼자 속으로만 말하는 속말은 자꾸 입 밖으로 새어 나가서
세상의 소문이 되려고 한다
바위를 덮은 담쟁이는 푸른 제복을 입고
군대에서만 쓰는 말을 하며 어디론가 자꾸 뻗어나갔다

서정은 어리석다
오늘의 날씨는 서정의 무늬를 매만진다
내가 입고 있는 셔츠는 죽은 사람의 옷을 물려받은 것이고
내 미래는 아직 과거를 청산하지 않았다
그러나 나비가 지나간 집엔 생기가 돌았다
어쩌면 낱말풀이는 반대로 돼 있을 것이다
고통을 통해서만 살아 있음을 느끼는 것이 그렇고
비가 온 뒤의 비릿한 비의가 입맛을 돌게 하는 것도 그렇다

구석에게

구석을 혈육 보듯이 본다
구석을 보면
너 밥은 먹었니? 하고 묻고 싶어진다

구석에는 아무것도 없다

자신의 빛나는 것을
구석에 배치하는 사람은 없을 것이다

찬밥 한 덩이로 웅크린 구석들

눈물을 닦고 코를 푼 휴지를 너에게 주마
씩씩하게 밖을 향해 나가는 내 발걸음 소리를
또한 너에게 남기마

내가 구석이 되어 다시 돌아왔을 때
그 발걸음과 쓸쓸을 내가 기억하게 해다오

나는 아직 자연을 벗어날 수 없다

이번 환절기엔 부고 소식이 유독 많았다
나는 참을 만한 것들과 십수 년 넘게 식구로 살았다
그 이전의 나는 참을 수 없는 것들로 인해 자주 부풀었다
영정에 절을 하고 돌아와 속옷까지 갈아입고 밥을 먹었다
목이 메는 것은 내 건강이 별로 안 좋다는 증거
실내가 더워 창문을 조금 열려고 하다가 참았다
참을 수 없는 것들을 참았을 때 내가 계속 성장해가는 듯했다

창문 밖 까마귀를 보았다
한때 나는 저 검은 새를 불길한 징조로 읽었다
내가 까마귀를 참듯 저 까마귀도 나를 참으면서 살 것이다

아직도 자연을 벗어나지 못해 두통이 있으면 숲을 찾는데
참을 수 없는 것들이 제법 편집 되면 숲을 나온다
그러고 보니 환절기 전부터 당신과 너무 투명하게 지낸 것 같았다
당신과 눈을 맞추고 자연에 대한 얘기를 하면서도 나는 당

신을 그대로 통과해 당신 너머에 나를 배치하곤 했다
그런 배치는
두통과
참을 수 없는 투명과
당신을 통과해 당신 눈물이 따라올 수 없는 곳에서 서성이고 있는
나의
아주 사소한 등고선 때문이었다

폐가와 폐허

손만 대면 무너질 것 같은 고향집 폐가
아귀가 눌려서 열리지 않는 큰채 문을 포기하고
뒤안
푸르른 대숲과 그 옆에 죽은 살구나무를 본다
동네 사람들이 빈집인 줄 알고 필요할 때마다 대나무를 베어가고 잔챙이는 그냥 버려두었다
나는 깨끗한 면티와 청바지를 입고 있었는데
도대체가 저 폐가의 풍경들보다 내가 더 폐허 같았다
이 집을 떠난 지 삼십여 년이 지났으니 그 거리만큼 죽음 쪽으로 가깝게 간 것

고향에 들를 때는 최대한 웃는 표정을 연습한다
어릴 때 우물가에서 똥 싼 내 몸을 씻어주었던 아줌마는
차창을 열고 인사하는 나를 알아보지도 못한다
헌 잡지 같은 동네에는 이제 아이의 울음이 들리지 않는다
이곳에서 첫 울음을 내었던 내 또래들은
평생 일해서 서른 몇 평쯤 되는 공중의 집을 얻었다
그 허공의 집 한 채 얻은 대가로 몸은 폐허가 되었다

소주 몇 잔에 울컥해서 객기를 부리는 일도 이제 옛일이 되었다

자신의 어둠을 인정한 후
고향집 폐가의 삭은 나무마루같이 무엇이 무너져도
모르는 척 고분고분 살아간다

불후의 명자꽃

작년에도 나는 여기 있었다
추풍령행 버스가 지나갔다
귀촌한 여자가 치는 피아노 소리를 들었다
들고양이가 갓 태어난 꼬물이들 먹이려고 살 추린 생선뼈를 물고 지나갔다
모두 생각난다
누군가 울면서 뛰어갔고 도로엔 영혼의 무게가 줄어든 사물이 누워 있었다
고통과 찬기와 휘어지는 것들

늦봄
나는 불후가 되어 다시 여기 왔다
작년의 나와 나는 똑같다
그러나 봄부터 늦여름까지 피고 지는 내 생애의 속살은
매년 새롭게 돋아난다
여기,
생활이 있고
몸 없이 살 수 있는 바람이 뺨을 때리는 곳

영원이 아니라
최초의 생애를 계속 재생하는 곳에 바람의 불후가 있다
나 역시 피고 지는 재생을 통해 불후가 되었다

영혼의 크기

도로에 작은 새가 누워 있다
외상은 없었으나 무엇인가 빠져나간 뒤였다
새를 풀섶에 버리려고 손바닥 위에 얹었다
손바닥보다 작았다
아플 때마다 생각하는 죽음은 우주만큼 큰 것이었다
내가 죽는다는 생각을 하면 우주만큼 아득했다

새와 내 몸의 체적은 다르지만 새와 내 영혼의 크기는 같을 수 있다
몸을 빠져나간 영혼은 크기가 사라지기 때문
크기가 사라져야 어디든 갈 수 있잖은가
크기가 사라져야 서로 섞일 수 있잖은가
영혼은 이목구비가 없을 테니 섞여야 서로를 확인할 수 있잖은가
죽음은 몸을 가져가는 것이 아니라 영혼을 가져가는 일

새를 풀섶에 버리고 나는 다시 생활로 돌아간다
집 울타리를 손봐야 하고 생두를 주문해야 한다

틈이 나면 고개를 숙이고 꺼이꺼이 울 것이다

내 중간의 생을 훔쳐본 새가
석류나무에 잠시 앉았다가 뒷산으로 날아간다

꽃나무 선승

올해 꽃 피우기 시작한
집 뒤 둔덕의 꽃나무 선승은
뒷산인 가성산에서 출가한 듯하다
세속에서 산으로 출가하는 경우의 역순으로
숲에서 달랑 유전인자만 행낭에 넣어 왔다

이 어린 선승은 몇 년 동안 동안거 하안거를 수행하는 내내
묵언수행 중이었다
봄에 연초록 돋아나 재잘거리긴 했으나 그것은
옹알이나 푸념에 가까운 발성이었다
봄 지나고 여름 지나 찬바람 불 때까지
둔덕 처소엔 경 읽는 소리로 시끄러웠다

이윽고 노란 꽃이 피어났을 때
꽃나무 선승은
내가 처음 보았을 때의 어리고 말랑한 모습이 아니었다
수척했지만 그 자체로 보기에 좋았다
낮은 허공에 이토록 여린 꽃잎을 공양하기 위해

꽃나무 선승은 부드러운 단단함이나
단단하지만 부드러운 경전 구절을 수없이 암송했을 터

꽃을 색으로 볼 것인지 불립문자로 읽어야 할지
이곳의 풍경들은 어안이 벙벙하다

합리적인 환상통

뒷목의 통증은
밖에서 보면 근육통이겠지만
안에서 보면 환상통이다
과학과 미신을 섞어서 믿다 보면 통증의 해석이 난분분하다

오늘은 합리적 환상통이 찾아왔다
어두워지기 전에 처리해야 할 몇 개의 현실을 미루고
수돗가에서 오래 허공을 보았다

저 허공과 현실을 섞어 산 지도 꽤 오래되었다
합리적인 현실을 사느라고 합리적 허공은 계속 이월되었다
추풍령 넘어온 바람의 예각이 목덜미를 그었다
이 냉기는 열정에 휩싸인 욕망에게 치명적이다

상처 입은 짐승이 다리를 절며 숲으로 돌아갔다
상처가 아물 때까지 할 일이란 자신의 혀로 자신의 상처를 핥아주는 일뿐

환상통을 치료하는 약제는 저 바람의 성분이었으므로
상처 난 부위 외에도 통증이 있다면
바람의 왕진을 기다려야 할 것이다

화를 채굴하는 일

화는 감정의 막장에 있다
그 막장에서 화를 채굴하는 사람의 하루는 숨이 막힌다
화를 채굴하려면 피가 거꾸로 쏟는 듯한 통로를 지나
눈에 뵈는 것이 없는 막막한 감정의 음지까지 내려가야 한다

그곳에서
충혈된 눈으로 날카로운 적의를 쏘면 감정의 뒷면에 박혀 있던 화가
선명해지기 시작한다
몸을 빠져나가 누구도 다치지 않는 곳에서 분해되어야 할 화가 선명해지면
그때부터 사람은 사람이 아니다
감정은 감정이라 부를 수 없는 것이 된다
자신이 무슨 짓을 하고 있는지도 모른 채 어두운 막장에서
피가 흐르지 않는 차가운 손가락으로 화를 긁어댄다
그리고 그래서
그 일을 오래한 사람에겐 숨을 분노로 쉬는 후유증이 남는다

감정의 막장에 화는 박혀 있다
인생에 실패한 사람이 화를 채굴한다
자신의 복장을 갈갈이 뜯어내며 비명을 지르면서
자신의 음지에서
화보다
자신의 살이 더 많이 뜯겨나가는 채굴을 하고 있다
사실 화가 박혀 있는 그 막장은 화가 기생하기 전
그가 가장 사랑하던 감정이 살던 장소였다

검은 감정들

검은 어둠,
저 검은 것이 탈색되면 세상의 모든 색이 기어 나올 것이다
누구도 들어가 볼 수 없는 검은 육체
검은 감정들
난 항상 육체의 심사가 궁금하지만
그 심사와 독대하려면 나는 세상의 모든 색을 안고 들어가야 한다
나는 이미 청색을 떠나 아득한 곳까지 왔다
유순한 성격은 교활해졌고
필요하다면 더 피범벅이 될 수도 있다
나는 이제 겨우 몇 개의 색을 경험했지만
경험이라고 하는 것이 순서대로 이룩되지 않음을 안다
어둠은 끝내
경험으로 이 세상에 풀리진 않을 것이다

해설

당신이라는 통증에 출입한 기록

우대식(시인)

김대호의 시집 『실천이란 무엇입니까』는 완성된 형태로서가 아니라 자신이 살아가는 시간 그리고 삶의 형식과 내용에 대한 깊은 회의에서 출발한다. 대개의 문장이 완결적 형식으로 끝나더라도 문장 속에는 늘 물음의 고뇌가 짙게 묻어 있다. 그것은 그가 나와 대상이 어떻게 닮았는가보다 어떻게 다른가에 주목한 결과라 할 수 있다. 단적으로 "나는 구조 없이 일생을 보냈다"(「구조」)는 선언은 내용을 담는 얼개로서 완성된 형태의 삶으로부터 먼 곳에 그가 위치하고 있음을 보여준다. 따라서 현실에서 가시화된 어떤 형식의 구조도 그에게는 생경하고 낯선 것으로 인식된다. "나는 쓸모없이/집을 돌아 보일러실로 갔다/왜 여기 왔는지 모른 채 한참을 서성이다/

옹벽에 서 있는 긴 빗자루 쥐고는 건물 외곽에 붙은 거미줄을 없앤다"(「구조」)는 시적 진술에서도 일상을 낯선 풍경으로 환치시키고 있음을 볼 수 있다. 그것은 그에게 구조화된 일상이 없다는 것을 뜻하며, 그래서 만나게 되는 낯선 풍경에 늘 물음을 던질 수밖에 없음을 의미하는 것이기도 하다. 일상의 시선으로 보자면 그는 실패한 삶의 형식을 살고 있다고 할 수 있다. 그가 시 속에 집요하게 호명하는 당신은 세계를 이해할 수 있게 해주는 유일한 타자이다. 당신이라는 포괄적 상징 속에 담긴 의미를 해석하는 일은 그의 시선이 어디에 있는지 파악하는 일이기도 하다.

당신이라는 간이역을
경유하지 않고 나의 세상으로 직항하는 노선은
애초에 없었다는 얘기
당신을 만져야 내가 만져지는 얘기
만나면 서로 혀를 나누는 키스를 이제 포옹으로 대신하는
사이가 되었다는 얘기
그리고 적당히 통속해진 당신이 보기 좋았다는 얘기
그것이 슬퍼질 때, 눈물 대신 주먹을 꽉 쥐게 되더라는 얘기
밥값을 서로 내려고 살짝 밀쳤다는 얘기

당신이 사라지기 전 거리에 내리는 첫눈

첫 세상

반짝이는 불빛들

—『곡선』 전문

앞서 말한 것처럼 "당신"은 "나의 세상으로" 가는 유일한 길이다. 이 유일성이 단지 환상이나 상상의 세계로서가 아니라 "적당히 통속한" 그리고 "밥값을 서로 내려고 살짝 밀"쳐내는 구체적 현실로서의 세계라는 점은 매우 의미심장하다. 이러한 관계를 예민하게 바라볼 수밖에 없는 것은 "당신"이라는 추상적 실체가 시인으로서의 정체성을 포함하고 있다는 추론 때문이기도 하다. 일상의 구조가 없는 삶을 견인해 가는 시적 화자에게 "당신이라는 간이역"은 절대자의 형상을 하고 있다. 일상의 세계로부터 이탈한 자가 누리는 위무와 회의의 세계는 시를 쓰는 것이며, 당신을 만지듯 끝없이 시와 접촉하며 세계를 살아간다는 것은 절대자의 위치에 시가 있다는 말로 들리기 때문이다. "당신과 헤어진 후/당신이 보이고 당신을 알았기에 이제야/안 보이는 당신을 보고 모르는 당신을 알아간다/지금 내 육체 어느 구석으로도 명랑은 들어갈 수 없다/너무 많은 당신이 보인다"(「헤어진 다음날」). 마치 성경에 나오는 돌아온 탕자의 비유처럼 당신에 대해 고백하는 장면은 처연하면서도 시적 화자의 행로를 짐작케 한다. 헤어진 후에야 당신이 보였다는 고백은 시적 화자의 시선이 보다 본질적인 세계에 닿아 있다는 것을 의미한다.

당신을 사랑하면
왜 살기의 절정과 절정의 살기가 동시에 돋아나는 걸까
혓바닥이 돋아서 식사하다 말고 쪽창을 쳐다보았다
저 조그만 창으로 출입할 수 있는 것은 햇살과 어둠뿐
내가 당신의 통증에 출입했을 때 그때가 사랑의 절정이었다
그걸 나도 알고 당신도 알았기에 우리는 힘들었지만
통증을 멈추지 않았다
당신에게 통증이 없었다면 나는
당신조차도 모르는 당신의 그 깊은 울음을 이해할 수 없었을 것이다
당신의 통증이 왜 당신을 사랑하는 조건이 되는지
나는 지금도 모른다
그러나 통증을 출입할 때만 내가 살아 있다고 느끼는 것은
통증을 낳기 전부터 이미 내가 통증의 산모였기 때문이다

—「나는 통증으로 출입한다」 전문

당신과의 관계성을 통해 인지한 세계가 통일성을 지닌 조

화로운 세계가 아니라는 점에 대해 시적 화자는 투철하게 사유한다. "당신을 사랑하면" 살기가 돋아난다는 시적 진술은 만해의 역설을 떠올리게 한다. 범박한 듯 보이는 진술에는 단독 사유자로서의 고뇌의 흔적이 여실하게 배어 있다. "당신의 통증"은 앞선 시에서 말한 간이역과 상통하는 의미를 지니고 있다. "내가 당신의 통증에 출입했을 때 그때가 사랑의 절정이었다"는 진술이야말로 이 시집 전체를 규율하는 의미망이 내포되어 있다. 이 시집은 당신이라는 통증에 출입한 사랑의 기록이라고 규정할 수 있기 때문이다. 통증이 멈춘다는 것은 당신을 알 수 없다는 것이고 이는 의미 있는 세계 인식이 불가능하다는 것을 뜻한다. "당신의 통증이 왜 당신을 사랑하는 조건이 되는지/나는 지금도 모른다"는 솔직한 자기 고백은 시적 화자의 사유가 인과적 혹은 과학적 세계 인식과는 거리가 멀다는 것을 의미한다. 들뢰즈 식으로 말하면 감각만 될 뿐 구체적 현실로 치환되지 않는 세계를 집요하게 사유하는 매개가 당신인 셈이다. 그리고 의미심장한 시적 진술을 보여준다. "통증을 낳기 전부터 이미 내가 통증의 산모였"다는 진술이 그것이다. 통증의 생산자로서의 나와 당신의 혼돈스러운 관계성은 당신을 또 다른 자아의 변용으로 읽어도 좋겠다. 통증을 공유하는 모든 실체들은 나이며 당신인 셈이다. 그리고 통증의 기록인 시이기도 한 것이다. "당신이 떠나고//고개 숙이면//어깨부터 발끝까지가//절벽이다"(「절벽」)라는 시가 명확히 보여주듯 당신과 나는 뗄 수 없는 존재로 자리매김되어 있다. 그럼에도 그 둘의 관계구조는 명확하게 규정되어 있는 것이 아니라 혼돈의 물결 속에 있다. 그러한 의미에서 시적 화자는 자신의 질문을 고장 났다고 규정하고 있다. "고장 난 질문"(「고요」)이란 앞에 말했듯이 시적 인식이 일상적이면서도 과학적인 세계 인식과는 거리가 먼 곳에서 출발하고 있음을 의미한다. 당신과 나의 관계가 혼돈 속에 놓인 탓에 수많은 질문 역시도 혼돈 속에 놓여 있을 수밖에 없다. "고장 난 질문을 수리하느라고 한 생을 보냈"(「고요」)다는 시적 진술은 그러한 의미에서 솔직한 자기 고백의 성격을 띠고 있다. "대부분의 질문들은 불구였네"(「고요」)라는 시적 진술도 같은 맥락에서 이해할 수 있겠다. 이러한 혼돈의 세계에서 시 쓰기의 과정을 보여주는 것이 아래 시이다.

모르는 것들과 놀고 싶은데 왜 아는 것들만 기어 나올까
나는 모른다
그러나 나는 모른다고 말하는 순간 모르는 것은 순간적으로 아는 것이 된다 사실이 되고 사물이 된다
말하는 순간 미덕은 순간 불결한 것이 되고 과거는 순간 미래가 된다
언어의 폭력으로 사람이 죽어 나가고
입만 열었을 뿐인데 공장 건물이 무너졌다

난 이 난폭한 언어를 신앙으로 가진 자이다
어떤 거대한 폭력으로 내 인생의 전환기가 있었다고 생각했는데
내가 변할 때마다 나를 전환기로 이끌고 간 것은
사소한 말 한 마디였다는 것을 알았다
사랑을 알았을 때
사랑이 고통이 되었을 때
그 모든 것은 말 한 마디로 시작되었다
내가 모르는 것이고
내가 모르는 장소에 있었다면
사랑은 아직도 시작되지 않았을 것이고 나도 시작되지 않았을 일이다
아직 시작되지 않은 어린 내가 언어를 입에 물고 빨고 있다

아 그리운 옹알이여

—「나를 만지다」 부분

시적 화자는 "난폭한 언어를 신앙으로 가진 자"라고 고백한다. 난폭한 언어란 감추어진 세계를 그리는 도구이며 시적 화자가 지향하는 언어의 세계이다. 일상의 관점에서 보자면 뒤집어져 있다. "모르는 것과 놀고 싶은데" "아는 것들만 기어"

나온다는 언어에 대한 불만은 벤야민의 언어관을 떠올리게 한다. 바벨탑 이후 사물과 언어의 직관적 관계는 사라지고 사물을 객체화하면서 인간의 언어는 타락하게 되었으며 더욱이 근대적 기획 속에 언어는 자의적 기호로 전락하게 되었다는 벤야민의 비판은 시인의 입장에서 언어 탐구의 반성적 기원을 이룬다. 나아가 자본주의 생산 체계 속에서 사물의 고유성을 무시한 교환가치로서의 언어의 쓰임은 사물의 개별적 고유성을 착취한 결과라고 보는 것이다. "언어의 폭력"이란 생소한 그것으로서의 결과가 아니라 오히려 관습적 언어의 쓰임에 길들여져 있다는 것을 의미한다. 결국 시적 화자가 지향하는 신앙으로서의 "난폭한 언어"는 벤야민의 용어로 보자면 아담의 언어라고 할 수 있다. 사물의 본질에 직관적으로 닿아 있는 언어에 대한 욕망이야말로 시적 탐구의 발로에서 비롯되는 까닭이다. "아직 시작되지 않은 어린 내가 언어를 입에 물고 빨고 있다"는 진술은 바로 사물의 본질에 다가가려는 욕망의 형식을 보여준다. 시적 화자가 물고 빨고 있는 난폭한 형식의 언어는 이 세상에는 없었던 아담의 언어이며 동시에 최초의 언어라 할 수 있다. 이랬을 때 왜 그의 시가 집요하게 당신의 실체에 대해 탐구하며, 혼돈 속의 세계에서 질문의 형식을 띠는지 이해할 수 있게 된다. 이 세계의 궁극, 시어로 말하자면 "사랑"이라는 것도 "말 한 마디로 시작"된다는 사실에 대한 자각은 시 쓰기 자체가 자신의 철학적 사유와 관계 맺고 있음을 보여준다. 그의 시가 더러 사변적이며 일반적 서정시와 결이 다르게 읽히는 이유가 바로 여기에 있다. "서정은 어리석다/네가 입고 있는 셔츠는 죽은 사람의 옷을 물려받은 것이고 내 미래는 아직 과거를 청산하지 않았다"(「나비 글씨체」)라는 서정에 대한 통렬한 반성도 이런 입장이 반영되어 있는 것이다. 시적 화자는 난폭한 언어를 통해 자신만의 새로운 옷을 짓고 싶은 자이다. 관습적으로 요구된 세계로부터의 탈출이 그에게는 시의 다른 이름인 셈이다. 이 시집의 표제시인 「실천이란 무엇입니까」는 가시적인 세계로서의 자연과 자연을 역입(逆入)해 들어가서 보는 세계의 진실은 무엇인가에 대한 물음을 담고 있다.

올봄에 핀 명자꽃은 작년에 피었던 명자꽃의
유언을 실천합니다

내년에 올 명자꽃은 올봄에 피었던 명자꽃의 유언을 이어받아
명자꽃 무리의 집성촌에서 또 실천될 겁니다

실천이란 무엇입니까

점심엔 국수를 삶아 먹었습니다

혼자 끼니를 때우는 일이 심심해서
창밖 푸른 잎을 주렁주렁 매달고 있는 벚나무를 보았습니다
저 벚나무는 십 년 넘게 푸른 잎을 실천 중입니다
나는 먹고 남은 국수 국물을 들고 나가 벚나무 근처에 흩뿌렸습니다
그곳에서 국수 국물도 실천됩니다

나는 누군가를 미워하는데, 칼자루 없는 칼을 쥐고 그를 미워합니다

하루를 실천하기 위해 누우면 어디선가 피비린내가 납니다
실천이란 무엇이고 실천은 어떤 냄새를 가졌을까요
실천에게 배후가 있을까요

나는 방금 태어난 햇살을 실천하기 위해 두 손을 내밀었습니다

—「실천이란 무엇입니까」 전문

명자꽃이 다시 명자꽃으로 피어나는 현상을 자연이라 할 수 있다. 그랬을 때 "내년에 올 명자꽃은 올봄에 피었던 명자꽃

의 유언을 이어받아/명자꽃 무리의 집성촌에서 또 실천될 겁니다"라는 시적 발화는 별반 특이할 만한 메시지를 담고 있지 않다. 그러나 뒤에 이어지는 질문은 읽는 이를 매우 난처하게 만든다. "실천이란 무엇입니까"라는 갑작스러운 질문은 기왕에 읽어오던 시를 처음부터 다시 읽게 만든다. 시적 맥락을 따라 읽다 보면 시적 화자의 회의를 두 가지로 나누어 생각해 볼 수 있다. 하나는 명자꽃이 다시 명자꽃으로 실천되는 자연에 대해 그 현상이 무엇인가 하는 것이고, 다른 하나는 그 자연의 방식이 진정한 실천이냐 하는 물음이 그것이다. 시적 화자는 아랑곳하지 않은 채 "벚나무는 십 년 넘게 푸른 잎을 실천 중"이라고 진술하고 "벚나무 근처에" 흩뿌려진 "국수 국물도 실천"될 것이라고 말함으로써 극히 자연스러운 반복과 연속의 과정으로서의 실천의 의미를 보여준다. 이 시에서 문제적 발화는 "하루를 실천하기 위해 누우면 어디선가 피비린내가 납니다"라는 문장이다. 오늘 하루를 실천한다는 것이 어제와 같은 형식을 취한다는 의미라면 "피비린내"의 출처는 도대체 어디인가 고민하지 않을 수 없다. 모든 사물의 존재란 투철한 생존의 몸짓이라고 읽으면 시적 화자가 말하는 실천과 자연의 의미를 어느 정도 이해할 수 있다. 그러한 의미에서 "실천이란 무엇이고 실천은 어떤 냄새를 가졌을까요/실천에게 배후가 있을까요"라는 물음은 존재 근원에 대한 탐색이라는 점에서 철학적 질의의 형태를 띠고 있다. 가령 "내 멋대로 할 수 있는 감정 하나 얻으려고 우리는 이토록 치욕을 견디고 있잖은가 모든 걸 내주고 훗날 그 고요 한 줌 얻어서 무엇에 쓰겠는가마는 내 몸을 이끄는 중력을 어찌 배반하겠는가"(「아무것도 아닌 것이 되기 위해 아무거나 한다」)와 같은 진술에서 우리로 하여금 중력으로 이끄는 거대한 힘에 맞서 치욕을 견디는 힘이 실천의 구체적 실체와 같은 것이라 할 수 있다. 보이는 것의 배후에 가로놓인 보이지 않는 것의 움직임이 실천이며 그 움직임을 감각하고자 할 때 매개가 되는 것이 "당신"이라는 추상적 실체라 할 수 있다. "안 보이는 당신을 보고 모르는 당신을 알아간다"(「헤어진 다음날」)는 시적 진술은 시적 화자가 사유하는 사물의 존재와 바탕 그리고 실천을 이해하는 열쇠가 될 수 있다.

김대호의 시는 특별히 어떤 누구의 방법론에 기댄 바가 없다. 어쩌면 스스로 그렇게 되지 않기 위해 철저히 경계하며 걸어온 길일 수도 있겠다는 생각을 한다. 그러니 이 시집은 단독자의 산책과도 같다. 자신에게 감각된 세계의 파편들, 비가시적인 세계를 자신만의 사유로 구조하고 다시 없는 반복적 행위를 통해 사물의 진실에 다가서고자 한다. 그에게 믿을 만한 것은 이 세계에 존재하지 않는다. 그러한 점에서 시를 쓰는 내내 그는 끝까지 외로울 터이다. 어쩌면 그것이 김대호의 시적 힘이라 할 수 있다. 한 편의 자화상 같은 시를 읽는 것으로 그의 생각에 동의하는 의사를 밝히는 바이다.

구석을 혈육 보듯이 본다
구석을 보면
너 밥은 먹었니? 하고 묻고 싶어진다

구석에는 아무것도 없다

자신의 빛나는 것을
구석에 배치하는 사람은 없을 것이다

찬밥 한 덩이로 웅크린 구석들

눈물을 닦고 코를 푼 휴지를 너에게 주마
씩씩하게 밖을 향해 나가는 내 발걸음 소리를
또한 너에게 남기마

내가 구석이 되어 다시 돌아왔을 때
그 발걸음과 쓸쓸을 내가 기억하게 해다오

—「구석에게」 전문

시인동네 시인선 199

실천이란 무엇입니까

초판 1쇄 인쇄 2023년 3월 6일
초판 1쇄 발행 2023년 3월 13일
지은이 김대호
펴낸이 김석봉
디자인 헤이존
펴낸곳 문학의전당
출판등록 제448-251002012000043호
주소 충북 단양군 적성면 도곡파랑로 178
전화 043-421-1977
전자우편 sbpoem@naver.com

ISBN 979-11-5896-586-0 03810

*이 시집은 2021년도 한국문화예술위원회 아르코문학창작기금 사업에 선정되어 발간되었습니다.